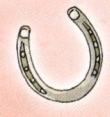

Heike Wiechmann

Reitstallgeschichten

Illustrationen von der Autorin

www.leseleiter.de

ISBN 978-3-7855-7201-6
1. Auflage 2011
© 2011 Loewe Verlag GmbH, Bindlach
Umschlagillustration: Heike Wiechmann
Reihenlogo: Angelika Stubner
Printed in Germany (017)

www.loewe-verlag.de

Inhalt

Ein Name für das Fohlen 9

Rettung in letzter Sekunde 15

Das schönste Pferd im Stall 22

Mollys Geheimnis 30

Amelie und der Ausreißer 37

Die Ponyparade 44

Der große Max 53

Ein Name für das Fohlen

Anna und Anton sind Zwillinge.

Sie haben

die gleichen Sommersprossen

und dasselbe Lieblingspony: Daisy.

In diesem Frühjahr bekommt

die weiße Stute ihr erstes Fohlen.

Anna und Anton

sind schon ganz aufgeregt.

Jeden Tag besuchen sie Daisy
und bringen ihr Leckerlis.
„Wie lieb ihr euch
um Daisy kümmert",
sagt Herr Wilke,
der Besitzer des Reitstalls.
„Deshalb dürft ihr dem Fohlen
seinen Namen geben."

„Hurra!", jubeln die Zwillinge.

„Sternchen soll es heißen",

sagt Anna.

„Nee, Flocke", sagt Anton.

„Ihr müsst euch entscheiden!",

meint Herr Wilke lachend.

Doch die Zwillinge können sich

einfach nicht einigen.

Als Anna und Anton am nächsten Tag
in den Stall kommen,
steckt Herr Wilke den Kopf
aus Daisys Box.
„Schaut nur", wispert er.
„Das Fohlen ist da. Ein Hengst!"
Staunend betrachten die Kinder
Daisys Fohlen.
„Wie süß", flüstert Anna.

„Es soll Flocke heißen",
sagt Anton schnell.
„Nee, Sternchen!", ruft Anna.
„Pst", macht Herr Wilke.
Daisy schnaubt
und legt sich wieder ins Stroh.
Unruhig wirft sie
den Kopf herum.
„Ich glaub's nicht", flüstert Anton.
„Es kommt noch eines!"

Atemlos schauen die Kinder zu,

wie Daisy ihr zweites Kind

zur Welt bringt.

„Es ist ein Mädchen",

sagt Herr Wilke und strahlt.

„Zwillinge",

seufzt Anna glücklich

und knufft Anton in die Seite.

„Wie gut, dass wir uns

zwei Namen ausgedacht haben!"

*Suche ein Wort mit vier „s"
und vierzehn Buchstaben.
Nimm den zweiten Teil des
Wortes. Wie nennt man die
Stufen einer Leiter?*

*Trage die Antwort im Kreuz-
worträtsel bei Nummer 1 ein.*

Rettung in letzter Sekunde

Pina und ihre Eltern machen Ferien
auf der Insel Lüttenoog.
„Oje, heute regnet's", sagt Pina,
als sie am Morgen
aus dem Fenster schaut.
„Macht nichts", antwortet Mama.
„Wir wandern trotzdem."

Pina, Mama und Papa

laufen bis zur Südspitze der Insel.

Riesige Wellen donnern hier

gegen das Ufer.

„Richtiges Hochwasser",

staunt Papa.

Plötzlich lauscht Pina.

Ruft da etwa jemand?

Nein, jetzt hört sie es genau:

In der Nähe wiehern Pferde.

Wieder und wieder.

Da stimmt etwas nicht!

Pina läuft über die Düne.

„Oh nein!", ruft sie erschrocken.

Die Wiese hinter der Düne

ist überschwemmt!

Ein Brauner und ein Schimmel

stehen bis zum Bauch in den Wellen.

17

„Wir müssen sie retten!",
ruft Pina und watet ins Wasser.
Papa hält sie zurück.
„Das ist viel zu gefährlich!"
Er holt sein Handy hervor
und wählt 112.
Dann warten sie.
„Das Wasser steigt weiter!",
ruft Pina verzweifelt.
Mama zeigt zur Straße.
„Endlich! Da kommt die Feuerwehr."

Am nächsten Morgen
ist das Meer wieder blank
wie ein Spiegel.
Pina rührt in ihrem Frühstücksmüsli.
„Wie die Pferde
hinter dem Schlauchboot
hergeschwommen sind",
sagt sie bestimmt
zum achten Mal.
„Hoffentlich geht es ihnen gut!"

„Bestimmt", beruhigt Papa sie.

Er zeigt aus dem Fenster.

Vor dem Haus hält eine Kutsche.

„Reitstall Norddorf" steht darauf.

Die beiden Pferde davor

sind weiß und braun.

„Das sind sie!", ruft Pina

und rast nach draußen.

„Bist du Pina Fischer?",

fragt die Frau auf dem Kutschbock.

Pina nickt.

„Ich bin Frau Bengen", sagt die Frau.

„Und das sind Freya und Fiete."

Pina streichelt

die weichen Pferdenasen.

„Die beiden wollen sich

bei dir für ihre Rettung bedanken",

sagt Frau Bengen und lächelt.

„Hast du Lust auf eine Kutschfahrt?"

„Na klar!", jubelt Pina.

Und ob sie dazu Lust hat!

Wie heißt das Mädchen in der Geschichte? Tausche einen der Buchstaben gegen „k" aus und du erhältst eine Farbe.

Trage die Antwort im Kreuzworträtsel bei Nummer 2 ein.

Das schönste Pferd im Stall

Emma blickt finster
über den Schulhof.
Da steht Lea
und erzählt mal wieder von Bella,
ihrem Pflegepferd.
„Bella hier, Bella da",
schnauft Emma genervt.

Emmas Freundin Feli lacht.

„Bist du neidisch?", fragt sie.

„Gar nicht", sagt Emma.

Aber Feli hat recht.

Emma möchte auch so gern

mal auf einem Pferderücken sitzen.

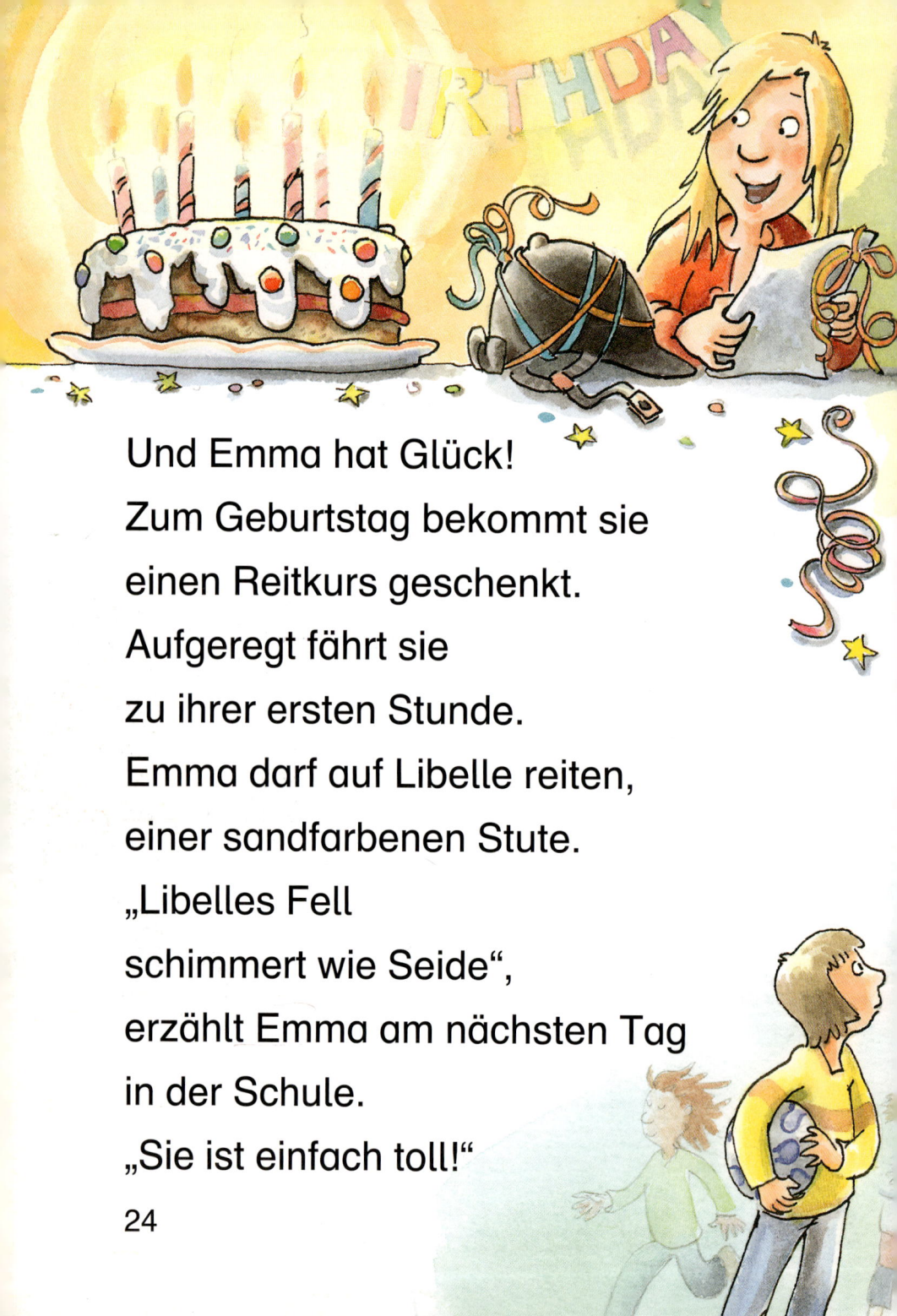

Und Emma hat Glück!
Zum Geburtstag bekommt sie
einen Reitkurs geschenkt.
Aufgeregt fährt sie
zu ihrer ersten Stunde.
Emma darf auf Libelle reiten,
einer sandfarbenen Stute.
„Libelles Fell
schimmert wie Seide",
erzählt Emma am nächsten Tag
in der Schule.
„Sie ist einfach toll!"

24

Feli kichert.

„Jetzt schwärmst du genauso
wie Lea von Bella", sagt sie.

Emma wird rot.

Dann schaut sie sich um.

„Wo ist Lea überhaupt?"

„Krank", sagt Feli.

„Sie hat sich
den Knöchel verknackst."

Jeden Tag radelt Emma

zum Reitstall,

um sich um Libelle zu kümmern.

Als sie mal wieder

Libelles glänzende Mähne bürstet,

kommt plötzlich Lea

die Stallgasse heraufgehumpelt.

„Hallo, Bella!", ruft sie.

Libelle reckt den Kopf

über die Boxenwand.

„Wieso Bella?",

fragt Emma verwirrt.

„Das ist Libelles Spitzname",

sagt Lea.

„Wusstest du das nicht?"

Emma schüttelt den Kopf.

Die beiden Mädchen

schweigen verlegen.

„Es dauert noch eine Weile,

bis ich wieder reiten kann",

sagt Lea dann.

„Würdest du dich so lange ...?"

Sie stockt mitten im Satz.

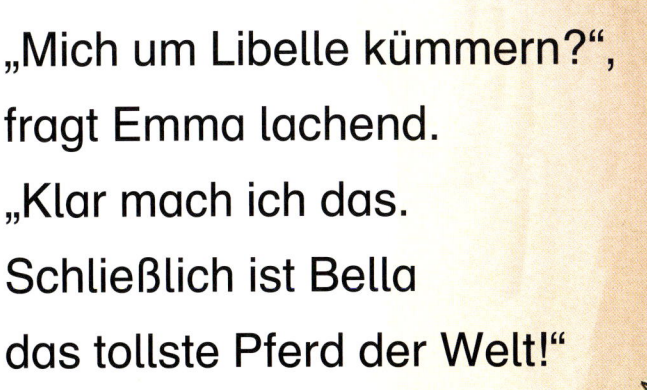

„Mich um Libelle kümmern?",
fragt Emma lachend.
„Klar mach ich das.
Schließlich ist Bella
das tollste Pferd der Welt!"

*Nimm das dritte Wort im Text
und davon die zweite Silbe.
Hänge ein „n" an. Welches
Wort kommt heraus?*

*Trage die Antwort im Kreuz-
worträtsel bei Nummer 3 ein.*

Mollys Geheimnis

Es ist die erste Reitstunde
nach den Sommerferien.
„Ganze Abteilung Trab!",
ruft Robert, der Reitlehrer.
„Los, Molly!", flüstert Paula
und drückt der braunen Stute
die Schenkel in die Seiten.

Alle Ponys traben an.

Nur Molly nicht.

Träge trottet sie

durch die Reithalle.

„Molly, du bist

richtig faul geworden!",

schimpft Paula nach der Reitstunde.

„Und dick noch dazu."

Die Stute schnaubt und stupst

gegen Paulas Rucksack.

„Nee, du Faultier", sagt Paula.

„Eine Möhre hast du dir

heute echt nicht verdient."

Paulas Mutter wartet schon
vor dem Stall auf ihre Tochter.
„Stell dir vor", ruft sie,
„Sofie bekommt ein Baby!"
Sie streckt Paula
ein Foto entgegen.
Paulas Tante Sofie
wohnt in Kanada.
Auf dem Foto hat sie
einen kugelrunden Babybauch.

„Sie schreibt,
sie mag gar nicht mehr laufen",
sagt Paulas Mama.
Paula stutzt.
„Runder Bauch", murmelt sie.
„Mag nicht mehr laufen ...
Genau wie Molly!"
Paula drückt ihrer Mutter
das Bild in die Hand
und rast zurück in den Stall.

Robert steht vor Mollys Box

und spricht in sein Handy.

„Das war Doktor Larsen", sagt er,

nachdem er aufgelegt hat.

„Er hat Molly

heute Morgen untersucht."

„Stimmt es,

dass sie ein Fohlen bekommt?",

fragt Paula aufgeregt.

Robert reißt die Augen auf.

„Woher weißt du das denn?

Der Doktor hat es mir

doch eben erst erzählt."

Paula lächelt geheimnisvoll.

„Von meiner Tante aus Kanada …"

Welche Pferdegangart findest du in der Geschichte?
Lies das Wort rückwärts. Was erhältst du nun?

Trage die Antwort im Kreuzworträtsel bei Nummer 4 ein.

Amelie und der Ausreißer

Vor dem neuen Haus

stapelten sich die Umzugskisten.

Amelie stemmte die Arme

in die Seiten.

„Warum mussten wir bloß

umziehen?", schimpfte sie.

„Hier kenne ich doch niemanden!"

Wütend stürmte sie
an ihren Eltern vorbei
in den Garten.
Sollten Mama und Papa
doch allein auspacken!
Gleich hinter dem Haus
führte ein Weg in die Wiesen.
Amelie lief
bis zu einem Bauernhof.

„Thomsens Reitstall"
stand auf einem Schild.
Vor dem Stall putzten
ein paar Mädchen ihre Ponys.
Amelie seufzte.
Früher war sie immer
mit ihrer Freundin Katja
zum Reiten gegangen.
Aber allein traute sie sich
bestimmt nicht.

Amelie trottete weiter.

Am Waldrand setzte sie sich
auf eine Bank.

Auf einmal raschelte es neben ihr.

Amelie sprang auf.

Ihr Herz klopfte wild.

Aber da war kein Wildschwein
und auch kein Hirsch.

Hinter einem Busch graste ein Pony.

Seine Zügel hingen
auf dem Boden.

„Wo kommst du denn her?",
fragte Amelie
und blickte sich um.
Ein Reiter war nicht zu sehen.
Langsam ging Amelie
auf den Schecken zu.
Dann griff sie die Zügel.
Das Pony riss erschrocken
den Kopf hoch.
„Ganz ruhig!", sagte Amelie.

Da hörte sie auf einmal
eine Stimme.
„Elvis, du Ausreißer!"
Ein Mädchen kam
aus dem Wald gelaufen.
„Hat Elvis dich abgeworfen?",
fragte Amelie.
„Und wie!", sagte das Mädchen.
„Danke, dass du ihn
aufgehalten hast."
Sie rieb sich den Po.

„Ich gehe besser zu Fuß nach Hause.

Willst du mitkommen?

Ich wohne gleich da vorn."

Sie zeigte zum Reitstall.

„Gern", sagte Amelie und strahlte.

Ihr neues Zuhause kam ihr

plötzlich gar nicht mehr doof vor.

Suche ein Wort mit vier „t".
Ersetze die ersten beiden
Buchstaben durch „sp" und die
letzten beiden durch „n".

Trage die Antwort im Kreuz-
worträtsel bei Nummer 5 ein.

Die Ponyparade

Heute ist Hoffest
im Reitstall Lenz.
Wie jedes Jahr
findet am Abend
ein großer Festumzug statt.
„Ich bin so aufgeregt", seufzt Ida.

Sie blickt auf die Papierblumen,

die sie und ihre Freunde

selbst gebastelt haben.

Das ist der Schmuck

für die Ponys und die Reiter,

die bei der Parade mitmachen.

Ben schaut auf die Uhr.
„Noch zwei Stunden
bis zum Umzug", sagt er.
„Kommt, wir gehen Eis essen!"
Ida, Lars, Ben und Karo
laufen zum Eisstand
und stellen sich in die Schlange.

46

Auf einmal zieht
eine dicke Wolke vor die Sonne.
„Es fängt an zu regnen", meint Lars.
„Oh, nein! Die Papierblumen!",
ruft Ida. „Sie stehen doch
draußen auf dem Putzplatz!"
Alle rasen zurück zu den Körben
und schleppen sie in den Stall.
Nass kleben die Papierblumen
aneinander.

Die Kinder schauen sich an.

„Die sind hin", flüstert Karo.

„Jetzt fällt die Parade ins Wasser."

„Wasser! Das ist *die* Idee!",
ruft Ida auf einmal.

Die anderen starren sie
verständnislos an.

„Ich erkläre es euch",
sagt Ida und beginnt zu erzählen …

Eine Stunde später
sammeln sich die Reiter
vor dem Stall.
Da hält ein Auto vor dem Tor.
Idas Mutter sitzt darin.
Hinter ihr stapeln sich
Wasserbälle, Gummistiefel
und andere Plastiksachen.

„Was ist denn das?",
fragt ein Mädchen.
„Der Schmuck für die Parade",
sagt Ida und lächelt.
„Fass mal mit an!"
Bald sind alle Ponys und Reiter
bunt geschmückt.
Karo reitet als Erste.
Sie hat
einen umgedrehten Gummistiefel
auf dem Kopf.

50

Ihr Pony Suse trägt
einen geblümten Duschvorhang.
Herr Lenz, der Reitlehrer,
hat sich einen Gartenschlauch
um den Bauch gewickelt.
„Zum Piepen!", ruft eine Frau.
„Das ist ja eine echte Wasserparade!"

Die Besucher lachen
und machen Fotos.
„So einen witzigen Festumzug
gab's noch nie!", rufen sie.
Und das finden
Lars, Ben, Karo und Ida auch.

Wo machen die Ponys und die Reiter mit? Tausche den ersten und den fünften Buchstaben des Wortes gegen „g".

Trage die Antwort im Kreuzworträtsel bei Nummer 6 ein.

Der große Max

Heute ist Majas erste Reitstunde.
Frau Fuchs, die Reitlehrerin,
führt die Anfängergruppe
in den Stall.
„Ich kann schon reiten!",
prahlt ein Junge.

„Kevin" steht auf seinem T-Shirt.

„Hat mir mein Onkel

in den Ferien beigebracht."

„So ein Angeber", denkt Maja.

Muss der ausgerechnet

in ihrer Gruppe sein?

Frau Fuchs klatscht in die Hände.

„Sucht euch jetzt ein Pony aus!",

sagt sie.

Die Kinder stürmen los.

Bald haben alle ein Pony gefunden.

Nur Kevin nicht.

„Ich will ein großes Pferd", mault er.

„Wir haben nur Ponys",

sagt Frau Fuchs freundlich.

„Und was ist mit dem da?",

fragt Kevin

und zeigt hinüber zur Weide.

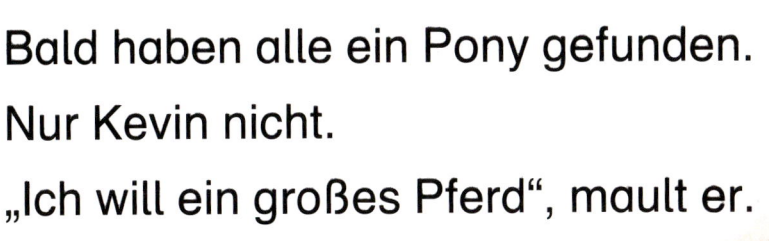

Dort steht ein großer Dunkelgrauer
und steckt den Kopf ins hohe Gras.
Frau Fuchs schüttelt den Kopf.
„Der große Max? Das ist ein ..."
Weiter kommt sie nicht.
„Großer Max klingt gut",
sagt Kevin. „Den nehme ich!"

Frau Fuchs überlegt.

Dann lächelt sie.

„Na gut, Kevin. Du kannst ja schon
ein wenig reiten.

Aber Vorsicht: Max ist störrisch!"

Sie steckt zwei Finger in den Mund
und pfeift.

Der große Graue hebt den Kopf.

Er spitzt seine Ohren –
seine langen Ohren ...

„Das ist ja ein Esel!", japst Kevin.

„Ein Riesenesel", sagt Frau Fuchs.

Die Kinder lachen laut los.

Kevins Kopf wird knallrot.

Der große Max trottet zum Zaun

und stupst ihn an.

„Einen Esel zu reiten,

ist gar nicht so einfach",

sagt Frau Fuchs.

Kevin grinst verlegen.
„Na, Max, dann bist du ja
genau der Richtige für mich!"
Da weiß Maja,
dass Kevin doch
ganz in Ordnung ist.

Suche einen Satz, in dem drei Wörter mit dem Buchstaben „k" anfangen. Wie lautet das letzte Wort?

Trage die Antwort im Kreuzworträtsel bei Nummer 7 ein.

Heike Wiechmann wuchs in Travemünde auf. Nach einem Studium der Pädagogik und Illustration arbeitete sie als Spielzeugdesignerin und reiste dabei um die halbe Welt. Heute schreibt und illustriert sie Kinderbücher, zeichnet Cartoons und lebt mit Mann, zwei Kindern und vielen Tieren in der Nähe der Ostsee. Mehr über Heike Wiechmann findet ihr auf ihrer Homepage www.wiechmann-illustration.de.

Knacke das Rätsel!

Sammle von Geschichte zu Geschichte die Antworten zu den Fragen und trage sie hier ins Kreuzworträtsel ein. Das Lösungswort nennt dir eine Gangart von Pferden. Wie heißt sie?

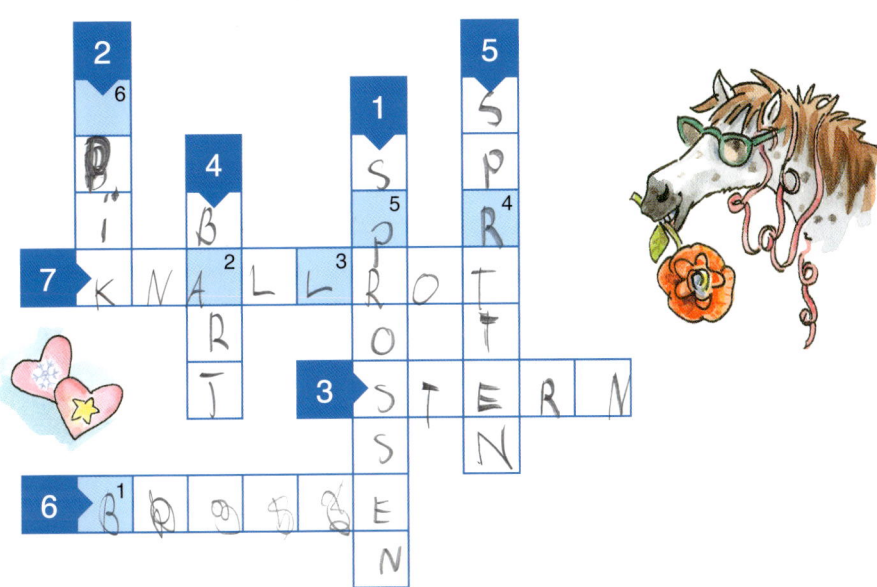

Das Lösungswort heißt:

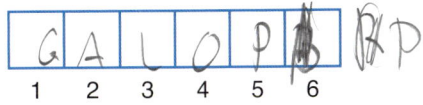

G A L O P P R P
1 2 3 4 5 6

Lesen, rätseln, Punkte sammeln!
Schau einfach mal rein unter www.leseleiter.de: Dort kannst du mit den Lösungswörtern aus den Lese-Rallye-Büchern wertvolle Punkte sammeln und sie gegen tolle Leseleiter-Prämien eintauschen. Viel Spaß!